AF509877

AMBASSADE DES ROMAINS A CARTHAGE.
An de Rome 534. et avt. J. C. 218.

Les grands succès qu'avoit alors Annibal en Espagne, par le siège et la prise de Sagonte Ville alliée des Romains, engagèrent les Carthaginois à lui donner le commandement de leur armée. Pouvoit-on le connoître et lui préférer quelqu'un ? il étoit né soldat, et l'exercice continuel des armes, en fit un grand Capitaine. Il joignoit à cette éminente qualité, une présence d'esprit qui le rendit supérieur à tous les Généraux : des vües immenses ; le génie admirable, pour distribuer dans le tems l'exécution de ses desseins ; infini dans ses expédiens ; aussi habile à se tirer du péril, qu'à y jetter les autres ; du reste sans foi, sans religion, sans humanité ; et cependant ayant su se donner tous les dehors de ces vertus, autant qu'il convenoit à ses intérêts.

Tel étoit le fameux Annibal, lorsqu'il forma le plus hardi projet, que jamais aucun Capitaine eut osé concevoir et que l'évènement seul justifia. Du fond de l'Espagne, il résolut de porter la guerre en Italie, et d'attaquer les Romains jusques dans le centre de leur domination.

Cependant le Sénat obligé par honneur de se plaindre des Carthaginois, surtout depuis la prise de Sagonte qui rompoit le traité de la première guerre Punique, prit un tempérament sage, sans qu'on put l'imputer à foiblesse ; car dans l'instruction dont il chargea les Ambassadeurs qu'il envoyoit en Afrique, il affecta de disculper le Magistrat de Carthage, et de rejetter toute la faute sur leur Général : par cette raison, il demandoit qu'on leur livrat Annibal comme le seul aggresseur. Les Ministres ne devoient déclarer la guerre qu'au cas de refus. Les Carthaginois rejettèrent avec hauteur les plaintes et les propositions du Sénat. Les envoyés ayant connu qu'il n'y avoit rien à ménager avec d'orgueilleux Républicains qui n'écoutoient que leur fureur, ne songèrent plus qu'à finir leur négociation avec toute la dignité convenable à l'état qu'ils représentoient.

Les Ambassadeurs ayant obtenu une seconde audience, Fabius alors le plus ancien des Envoyés, se présente devant l'assemblée et sans autre préliminaire, montre un pan de sa robe qui étoit plié dans sa main : J'apporte ici, dit-il, la paix ou la guerre, on vous en laisse le choix. Faites le vous même, repliqua le fier Sénat de Carthage, car nous acceptons tout. Je vous donne donc la guerre, dit Fabius, en laissant tomber le pli de sa robe. Nous la recevons de bon cœur et la ferons de même, s'écrièrent les Carthaginois, fâchés sans doute, que Rome eut l'honneur du défi.

DÉFAITE DE SCIPION PRÈS DU TÉSIN.
An de Rome 534. et av.t J.C. 218.

Annibal après la prise de Sagonte, alla prendre ses quartiers d'hiver à Carthagène. Ce fut là qu'il apprit tout ce qui s'étoit passé à son sujet tant à Carthage, qu'à Rome. Ainsi se regardant non seulement comme le chef; mais encore comme l'auteur et la cause de la guerre, il vendit ce qu'il avoit de butin. Persuadé qu'il n'avoit point de momens à perdre, il assemble ses soldats et leur expose de quelle manière les Romains avoient demandé qu'on le livrât lui, et tous les officiers de son armée. Il leur représenta avec tant d'avantage la beauté et la fertilité du pays ou ils alloient entrer; que ses soldats lui jurerent tous à l'envie, qu'ils étoient prêts de le suivre partout ou il les conduiroit; il loua leur courage et leur bonne volonté, et leur annonça ensuite le jour du depart. Au jour marqué, Annibal se mit en marche à la tête de 80000. hommes de pieds et environ 1200. chevaux.

Ainsi cet intrépide guerrier, sans avoir ni place, ni magazin, ni secours assuré, ni esperance de retraite, traverse l'Espagne, franchit les Pyrenées, passe les Gaules, se fraie un chemin à travers les arides montagnes des Alpes; et enfin après cinq mois de fatigue inconcevable dans laquelle il perd la moitié de son armée, brave encore les Romains, et vient camper fierement jusques sur les bords du Tésin.

Ce fut là ou se donna la premiere Bataille. Les Romains furent défaits; et le Consul P. Cornelius Scipion leur général, seroit tombé entre les mains des ennemis, si Publius Scipion son fils, connu depuis sous le glorieux surnom d'Africain, n'eut accouru à son secours. Ce jeune homme qui n'avoit pas encore dix huit ans, voyant son Père enveloppé d'un gros d'ennemi, perça seul jusqu'à lui, écarta à coups d'épée tout ce qui l'environnoit et le dégagea dans le tems qu'il alloit être pris ou tué.

Tiberius Sempronius second Consul qui étoit alors en Sicile, alla promptement au secours de son Collegue qu'il trouva rassemblant les débris de son armée proche la riviere de Trebie, de foibles avantages remportés par le parti de Sempronius, lui semblerent d'heureux présages; et sur ce fondement, il résolut de donner Bataille contre les sentimens de Scipion. Annibal profita de la présomption du Consul, défit son armée.

Le combat donné par Flaminius près du Lac Thraciméne, fut encore plus malheureux par les Romains; 26000 hommes et le général périrent sur le champ de Bataille

LES FÊTES SATURNALES.

An de Rome 535. et av.ᵗ J-C 217.

Lors qu'on apprit à Rome que les Carthaginois avoient défait l'armée des deux Consuls qui s'étoient rendus maîtres de leur Camp, et que les Gaulois avoient fait alliance avec Annibal, la nouvelle de tant de pertes réitérées, causa un si grand effroi dans Rome, que tout le peuple courrut dans la place publique; on s'assemble dans les temples; on ordonne des prières et des sacrifices pour implorer le secours des Dieux. On donna un Festin public, et pour resserrer parmi les Citoyens les nœuds de l'amitié, on annonça les Fêtes Saturnales, qui avoient été instituées en l'honneur de Saturne, qui fit donner à son regne le nom de Siècle d'or. Elles furent principalement établies à Rome, pour conserver le souvenir de l'égalité primitive qui étoit entre tous les hommes vivans sous les loix de la nature, sans diversité de conditions. C'est pour cela qu'alors la puissance des maîtres sur les esclaves, étoit suspendue, ils se faisoient un divertissement de changer d'état et d'habits avec eux, ils leur donnoit toute autorité dans leurs maisons; non seulement ils les admettoient à leurs tables, mais ils les y servoient; enfin on leur accordoit la liberté de dire et de faire tout ce qui leur plaisoit. C'est ce droit qu'Horace accorde à son esclave qui souhaitoit lui dire bien des choses, mais qui craignoit de lui déplaire. Use, lui dit son Maître, de la liberté que t'accorde la fête de Saturne.

C'étoit ordinairement les enfans qui annonçoient la Fête en courant par les rues et criant Io Saturnalia. C'est aussi ce qui donna lieu dans la suite à la raillerie piquante que le fameux Narcisse affranchi de Claude, essuya lors que cet Empereur l'envoya dans les Gaules, pour apaiser une sédition. Etant monté sur le tribunal pour haranguer l'armée à la place du Général, les soldats se mirent à crier Io Saturnalia, voulant dire que c'étoit la Fête des Saturnales ou les esclaves faisoient les maîtres. Cette Fête ne duroit d'abord qu'un jour; dans la suite elle fut portée jusqu'à cinq, elle se célébroit dans le mois de Décembre.

FABIUS ÉLU DICTATEUR.
An de Rome 535. et av.ᵗ J. C. 217.

Les pertes réitérées de la République obligèrent le Sénat à délibérer mûre=
ment sur le choix des généraux; le besoin pressant de l'état, fit confier la dicta=
ture à Fabius Maximus. Il y avoit longtemps qu'elle n'avoit élevé à cette dignité
un homme d'un si rare mérite; le peuple lui donna pour général de la Cavallerie,
Q. Minucius, homme de grand courage; mais si prévenu de ses talens, qu'il se
croyoit capable d'égaler son général.

Après que Fabius eut rassemblé ses troupes, il partit pour rejoindre l'ar=
mée. Arrivé près du Camp, il apperçut le Consul qui venoit à sa rencontre
à cheval, suivi de ses licteurs et de ses principaux officiers sur le Champ,
il lui fit dire de mettre pied à terre et de le venir trouver sans licteur
et sans suite. La prompte obéissance du Consul et le respect avec le quel il
aborda Fabius, rendit aux Citoyens et aux alliés, cette haute idée de la
dictature, que le tems avoit presque effacé.

Tous les avantages remportés par Annibal, n'empêchèrent pas Fabius de
s'approcher des ennemis, sans avoir dessein, pourtant, d'engager une action
décisive, parceq'il jugeoit que la situation des affaires ne le demandoit pas.
Ces precautions si digne d'un grand Capitaine, firent donner à Fabius, le sur=
nom de Temporiseur par ceux des Romains qui ne connoissoient pas que le salut
de l'état dépendoit de cette conduite; l'estime et l'admiration, lui ont conservé
ce surnom glorieux que l'ignorance et le mépris lui avoient d'abord donné.
Malgré que les sages délais de Fabius sauvoient Rome, en lui donnant le
tems de se remettre de toutes ses pertes, un stratagème heureux dont se
servit Annibal, pour se tirer d'un défilé ou Fabius le tenoit enfermé, fut
un pretexte au Sénat et au peuple déjà mécontent de son inaction, pour
partager l'autorité entre lui et son Collègue qui devint son égal.

MINUCIUS RECONNOÎT SA FAUTE.
An de Rome 535. et av.t J.C. 217.

Minucius enflé de certains petits avantages, se fit honneur du caprice des Romains, et crut qu'avec des qualités militaires aussi connues que les siennes, il pouvoit tout entreprendre. L'armée étoit séparée à peu près par moitié entre Fabius et lui. Soutenu donc d'un seul corps qu'il commandoit sans prendre conseil de son Collegue, il attaqua l'armée d'Annibal. L'Africain content d'avoir en tête un chef téméraire, l'attira insensiblement dans un lieu ou la disposition du terrain n'étoit que pour les Carthaginois. Minucius aveuglé de présomption, ne prit pas garde à ce mouvement et continua de poursuivre Annibal. Il alloit être enveloppé, quand Fabius que son zele pour le bien de l'état rendoit attentif à toutes les démarches de son Collegue, dit à ses soldats : Je l'avois bien prévû, Courrons à leur secours, allons arracher des mains des ennemis la Victoire et de la bouche de nos Citoyens l'aveu de leur faute. Fabius après avoir délivré Minucius, rentra dans son camp, sans laisser échapper une seule parole outrageante contre son Collegue ?.

Minucius qui avoit des sentimens de vertu, malgré ses défauts, reconnut qu'il devoit son salut à Fabius. Dasqu'il fut rentré dans son camp, il rassembla ses soldats et leur dit : Puisque la nature ne nous permet point d'aspirer à la premiere gloire, tachons de mériter au moins la seconde. Allons, mes amis, nous rejoindre à Fabius, la seule occasion ou je veux encore vous commander, c'est pour aller nous soumettre à ses ordres et lui rendre tous ensemble le respect et l'obéïssance que nous lui devons.

Aussitot il se mit à leur tête et marcha droit au Camp du Dictateur, après qu'il eut fait passer ses drapeaux au pieds du tribunal de Fabius, il lui tint ce discours ?.

Illustre Dictateur, vous avez remporté en ce jour deux victoires signalées ; par vôtre valeur, vous avez vaincu les ennemis, et par vôtre prudence et vôtre générosité, vous avez vaincu vôtre Collegue. Je vous appelle donc mon Pere, n'ayant point de nom plus vénérable que je puisse vous donner, malgré que je vous doive plus qu'à lui, car je ne lui dois que ma vie ; au lieu qu'avec la mienne, je vous dois celle de tous ces vaillans hommes.

En finissant ces paroles, Minucius se précipita dans les bras de Fabius. Ses soldats embrasserent de même leurs camarades devenus leurs libérateurs. Le Camp fut rempli d'allegresse, on ne voyoit partout que des larmes que la tendresse et la reconnoissance faisoient répandre ?.

BATAILLE DE CANNES, MORT DE PAUL EMILE.
An de Rome 536. et av.t J.C. 216.

Il y avoit un temps limité à la Dictature; lors qu'on vit celle de Fabius prête d'expirer, on fit un Dictateur provisionnel pour la tenue des Comices, à dessein de créer des Consuls; l'important étoit de faire un choix capable de tenir tête à Annibal. La sage lenteur de Fabius, jusqu'alors avoit donné aux Romains le temps de se remettre un peu de tant de disgraces arrivées coup sur coup. L'effet en fut si sensible qu'Annibal, à la fin de la seconde année de la guerre, tout vainqueur qu'il étoit, se trouvoit extrêmement embarrassé, n'ayant ni villes, ni ports, ni pays, ni amis. Il ne s'agissoit donc que de continuer la guerre sur le même pied, pour achever de le désespérer et même de le détruire, mais il falloit aux Romains un coup encore plus violent que tous ceux qu'ils avoient éprouvés jusqu'alors. On déféra donc le Consulat à Paul Emile, et l'on lui donna pour Collègue, Térentius Varro, deux caractères aussi mal assortis entre eux, qu'ils étoient pour le bien de la République.

L'armée qui se trouva sous ces deux Consuls forte de 80 mille hommes, parut invincible au peuple Romain; il n'y avoit qu'un petit nombre de sages qui n'en pensoit pas de même. Fabius qui étoit de ce nombre, donna pour dernier conseil à Paul Emile de se défendre également des ruses d'Annibal et de la témérité de Varro; mais le Consul ne fut pas maître de suivre un avis si sensé, car les deux armées s'étant rencontrées à Cannes, petite ville de la Pouille, il ne put obtenir de son Collègue, d'attendre pour combattre Annibal, qu'il eut posté son armée avec avantage. Cette condescendance fut cause de la perte de la Bataille, car les soldats ayant le vent, la poussière et le Soleil dans les yeux, se sentant toujours frappés, et ne voyant point le nombre de ceux qui les attaquoient, succombèrent enfin aux fers du vainqueur. Le carnage fut si grand, que les Carthaginois ne discontinuèrent le massacre, que par lassitude, et jusqu'à ce qu'Annibal leur cria : C'est assez, épargnez le vaincu. Le Consul Paul Emile, blessé dangereusement, ne voulut point survivre à ce malheur, car un tribun nommé Lentulus qui le trouva en cet état, lui ayant offert son cheval il lui répondit : Servez vous en vous même pour vous sauver, pour moi, mon parti est pris, j'expirerai sur ces monceaux des corps morts de mes soldats; dites seulement à Fabius, que je m'étois souvenu de ses sages conseils, mais que je succombe à ma destinée.

La République perdit dans cette funeste journée 70000 hommes, et le vainqueur des Romains, envoya à Carthage, deux boisseaux de bagues ou anneaux d'or, pour faire connoître le nombre incroyable des chevaliers Romains qui avoient été tués à cette Bataille.

SCIPION ÉTOUFFE UNE CONSPIRATION.
An de Rome 536. et av.ᵗ J.C. 216.

Après la victoire, Annibal se retira dans son Camp, tous ses officiers vinrent le féliciter de sa victoire; et regardant la guerre comme terminée, lui conseilloient de prendre quelque repos. Donnez vous-en bien de garde, lui dit Maharbal, Commandant de la cavalerie; car afin que vous sachiez, ajouta-t-il, de quelle conséquence est pour vous le gain de cette bataille, dans cinq jours, je vous ferai préparer à souper dans le Capitole, suivez moi seulement avec l'Infanterie. L'idée d'un pareil succès, étonna Annibal par sa grandeur; mais il ne s'y rendit pas; il répondit à cet officier qu'il louoit son zèle; mais qu'il falloit du temps pour délibérer. Je le vois bien, reprit Maharbal, les Dieux n'ont pas donné à un même homme tous les talens à la fois: Vous savéz vaincre, Annibal, mais vous ne savéz pas profiter de la victoire. Ce léger retardement fut la première ressource des Romains, le jeune Scipion en sut profiter; et celui qui avoit sauvé la vie à son Père dans la bataille du Tésin, sauva toute l'Italie après celle de Cannes.

Il n'étoit alors que tribun dans une légion, et il s'étoit retiré le soir d'après la Bataille, comme beaucoup d'autres officiers, dans une ville voisine qui tenoit encore pour les Romains. Scipion apprit que ses officiers qui étoient des premières maisons de Rome et la seule ressource de la République, s'étant assemblés chez un certain Metellus; et désespérant du salut de l'état avoient dessein de s'embarquer au premier port, et d'abandonner l'Italie. Un si dangereux complot excita toute son indignation, il résolut de s'y opposer au péril même de sa vie; et se tournant vers d'autres officiers qui se trouvoient chez lui, Que ceux, leur dit-il, à qui le salut de Rome est cher, me suivent. Il sort, va droit dans cette maison ou se tenoit ce Conseil; il y entre, et mettant l'épée à la main, Je jure, dit-il, que je n'abandonnerai jamais la République, et que je ne souffrirai point qu'aucun de nos Citoyens l'abandonne; et s'adressant ensuite à Metellus, il faut lui dit-il, que toi et ceux qui sont ici, fassiez le même serment, ou je vous tuerai tous. Ces menaces, le feu et la colère qu'il avoit dans les yeux, son zèle pour sa patrie, tout cela leur fit faire sur le champ les mêmes sermens; la honte même, d'avoir été surpris dans un pareil projet, rappella leur ancienne valeur; ils se donnèrent la foi mutuellement; et jurèrent tous de s'ensevelir plutôt sous les ruines de leur patrie, que de l'abandonner.

LE SENAT REFUSE DE RACHETER LES PRISONNIERS.
An de Rome 536. et av.t J. C. 216.

Tout ce que l'horreur et la crainte peuvent étaler dans une désolation générale, parut à Rome. Quand on apprit la défaite de l'armée à Cannes. On publioit que les Romains n'avoient plus de Camps, plus de généraux, ni plus de soldats, et qu'Annibal seroit bientôt maître de toute l'Italie. Dans ce désordre général, les Sénateurs rassurent et consolent le peuple, et lui font espérer que la bonté des Dieux, le secourera dans ce malheur extrême. En effet, quoi qu'il n'y eut à Rome ni hommes, ni armes, ni argent, on trouva tout cela dans cet amour pour la République, qui faisoit le véritable caractère des Romains.

Cependant Annibal agissant en habile général, qui pensoit qu'il avoit encore des ennemis à vaincre, renvoya sans rançon, tous les prisonniers alliés des Romains, et permit aussi à ces derniers de se racheter; ils choisirent, dix des plus considérables d'entr'eux, qu'ils envoièrent à Rome. Annibal mit à leurs tête Carthalon, l'un des plus distingué des Carthaginois, pour proposer aux Romains des conditions, en cas qu'il les trouvât disposés à la paix. Quand on apprit à Rome que les envoyés étoient sur le point d'arriver, le Dictateur envoya un Licteur à Carthalon, pour lui ordonner de sa part, qu'il eut à sortir avant la nuit des terres de la République. L'on permit seulement aux députés des prisonniers de se présenter pour être admis à l'audience. A la nouvelle des envoyés, le peuple court en foule aux portes du Sénat, pousse des cris lamentables; il tendoit les mains vers les Sénateurs, et les supplioit de leur rendre leurs enfants, leurs frères, leurs Pères et leurs Maris; car la nécessité avoit aussi engagé les femmes à venir dans la place publique, joindre leurs prières à celles des hommes.

Après qu'on eut écarté le peuple, on commença à recevoir les voix, les sentimens furent partagés. Les plus compatissans vouloient qu'on les rachetat des deniers du trésor public; mais le plus grand nombre, eut moins d'égard aux intérêts du sang, qui les lioit à la plus part des prisonniers, qu'aux conséquences facheuses, que pourroit avoir une indulgence si peu conforme à la sévérité de leurs ancêtres, on prit donc la résolution de ne point racheter les prisonniers. Cette triste nouvelle et la perte de tant de citoyens excitèrent dans tous les cœurs, une nouvelle affliction; et toute cette multitude qui étoit restée à l'entrée du Sénat, suivit les députés, jusqu'aux portes de la ville, les larmes aux yeux, et pénétrés de douleur.

PEROLLA OFFRE A SON PÈRE DE TUER ANNIBAL.
Au de Rome 536. et av.t J.C. 216.

Annibal après avoir vaincu les Romains à la bataille de Cannes, tourna ses pas vers Capoue, ville perdue de débauches et de luxe. Cette retraite d'Annibal, fut le commencement de ses malheurs. Son armée invincible jusqu'alors, oublia l'art de vaincre en préférant l'oisiveté et l'intempérance à l'exercice de la discipline militaire.

Lors que les Campaniens apprirent l'arrivée d'Annibal, tous les habitans coururent en foule pour le recevoir. Un seul citoyen nommé Decius Magius, s'opposa à sa réception, en disant hautement qu'il falloit chasser de la ville un Maître impérieux et violent, qui feroit bientôt changer en pleurs ses joies immodérées. Annibal instruit de ce discours, ordonna que l'on se saisit de ce rebelle, et que l'on le chargeat de chaînes. On le pria de suspendre son mécontentement, et de souffrir que le premier jour qu'il honoroit leur ville de sa présence, fut regardé comme un jour de fête. Quelque ardent qu'il fut naturellement, il se fit violence et accorda aux Campaniens la première grace qu'ils lui demandoient.

Les Minius, deux Frères qui étoient les plus distingués de Capoue, reçurent Annibal dans leur maison, et lui donnèrent un grand repas ou furent invités les premiers de la ville. Pacuvius Calavius, chef de la faction qui avoit engagé Capoue dans les intérêts d'Annibal, y amena son fils Perolla, après l'avoir arraché avec peine de la compagnie de Magius. Tous les conviers firent paroître une grande gaieté, il n'y eut que Perolla qui garda un morne silence, sans que les instances même d'Annibal puissent l'engager à prendre part à la joie commune. Vers le soir, son Père étant sorti de la salle du festin, il le suivit jusques dans un jardin, et là le tirant à l'écart; mon Père, dit-il, Je vais vous proposer un dessein qui nous obtiendra des Romains, le pardon de notre révolte. Pacuvius tout surpris, lui demande ce que c'est alors le jeune homme ouvrant sa robe, lui montre un poignard; Je vais, dit-il, sceller par le sang d'Annibal, notre alliance avec les Romains. Calavius aussi effrayé que s'il avoit déja vu couler le sang d'Annibal, s'écrie: Ô mon fils, je vous prie, je vous conjure par tous les droits les plus sacrés de la nature, de ne pas commettre le plus affreux des crimes; il n'y a que peu de momens que nous avons donné à Annibal, les marques les plus saintes d'une amitié inviolable; cette table même ou vous êtes invité et ou préside le Dieu vengeur des droits sacrés de l'hospitalité; vous ne la quittez cette table, que pour la souiller du sang de votre hôte. Résolu à le défendre, aurez vous le courage de me frapper lorsque je le couvrirai de mon corps? car je vous déclare que ce n'est qu'en me perçant le flanc, que vous pourrez porter vos coups jusqu'à lui. Perolla attendri d'un discours si touchant dit: me voila donc forcé de substituer mon Père à ma patrie. Chere et infortunée patrie, reçois ce fer dont je m'étois armé pour te défendre, puisqu'un Père me l'arrache des mains.

MAGIUS REPROCHE AUX CAMPANIENS LEUR LACHETÉ.

An de Rome 536. et av.t J. C. 216.

Le lendemain de l'entrée d'Annibal, le Sénat de Capoue s'étant assemblé, le Général Carthaginois fit un discours rempli de témoignages d'amitié et de bienveillance; et parmi les promesses magnifiques qu'il leur fit, „il les assura que dans peu, Capoue „seroit la Capitale de toute l'Italie, et que les Romains eux mêmes y viendroient „recevoir la loi.„

„Qu'il y avoit cependant parmi eux un homme qui ne devoit avoir aucune part à „l'amitié des Carthaginois, et qui ne méritoit pas même le nom de Campanien, puis „qu'il étoit seul opposé au sentiment de ses concitoyens. C'étoit Decius Magius qu'il „demandoit qu'on le lui livrat, et qu'en sa présence, le Sénat après avoir pris connois= „sance de son crime, prononçat sur son sujet, „il ne se trouva pas un seul Sénateur qui osa répliquer, quoi que la plus part pensassent qu'Annibal dès le commencement, donnoit une mortelle atteinte à leur liberté).

Le premier Magistrat sortit aussitôt de la salle; et s'étant placé sur son tribu= nal, il fit amener Magius devant lui, et lui ordonna de se justifier. Celui-ci sans rien rabattre de sa fierté, refusa de répondre. Ce silence affecté, ne manqua pas d'être trouvé mauvais, on le chargea de chaînes, et l'on commença à le traîner par les rues, pour le conduire au camp des Carthaginois. Pour lors tant qu'il eut la liberté de parler, il ne cessa de tenir des discours pleins de force et de hardiesse. Voila, disoit-il, cette liberté que vous avez pretendu vous procurer? Dans la place publique, en plein jour, sous vos yeux, on charge de chaînes, et l'on conduit à mort, un homme qui tient un des premiers rangs dans votre Sénat, allez donc au devant d'Annibal, ornez la Ville, faites du jour de son entrée un jour de fête, pour le voir triompher de l'un de vos Citoyens?

On apprehenda que ce reproche ne fit impression sur le peuple; ainsi on lui couvrit la tête afin qu'il ne lui fut plus possible de se faire entendre. Annibal n'osa le faire mourir dans son Camp, de peur que sa mort n'excitat quelques tumul= tes dans la Ville. Il le fit embarquer sur un Vaisseau qui devoit le mener à Carthage; mais une tempête le jetta sur les côtes de Cyrene, qui étoit soumise au Roi d'Egipte, c'étoit pour lors Ptolomée, Philopator; Magius trouva un azile dans les états de ce Prince, et y demeura en sureté sous sa protection.

PRISE DE SYRACUSE, MORT D'ARCHIMEDE.
Au de Rome 540. et av.t J.C. 212.

Après la mort d'Hieron Roi de Syracuse et de Hieronime son petit Fils et son successeur, Syracuse se partagea en factions; celle qui étoit opposée aux Romains prévalut. Le Sénat ordonna à Marcellus d'assiéger la place par terre et par mer, c'é-toit une entreprise périlleuse. Sa situation, ses remparts et la multitude de ses habi-tans entre les quels on comptoit le fameux Archimède, sembloient la rendre imprena-ble. Ce fut principalement ce célèbre Ingénieur qui en retarda la prise durant près de trois ans par des inventions extraordinaires; par des machines qui tantôt portoient le feu dans les vaisseaux ennemis; tantôt les brisoient par des pierres et des poutres d'une gros-seur prodigieuse, lancées avec une violence que rien n'arrêtoit; mais ce qui sembloit aux assiégeans tenir du prodige, c'est que ces machines s'éloignoient ou se rappro-choient selon le mouvement des ennemis; en sorte qu'il n'y avoit aucune place où Archimède ne portât ses coups. Marcellus se seroit vu à la fin obligé de céder à l'industrie d'Archimède, sans la négligence des troupes, qui dans un jour de fête, se relâchant de leur exactitude ordinaire, laissèrent surprendre une de leurs principales tours, les Romains se répandant soudain dans toutes les parties de la ville, s'en rendirent enfin les maîtres.

C'étoit une loi chez les Romains d'abandonner aux soldats le pillage d'une ville prise d'assaut; Marcellus se conforma malgré lui à cet usage, il recommanda seulement que l'on épargnât Archimède; mais l'application de ce grand homme à l'étude lui coûta la vie, fortement occupé à considérer des figures de Géométrie qu'il avoit tracé sur la pous-sière. Il n'entendit point par malheur le bruit que font ordinairement le vainqueur et le vaincu dans une place emportée l'épée à la main. Tout d'un coup un Soldat se pré-sente à lui en le nommant par son nom et lui ordonne de le suivre, pour venir parler à Marcellus. Archimède le prie d'attendre un moment que son problème fut résolu. Le soldat qui ne se soucioit ni de son problème ni de son résultat, et qui n'entendoit pas même ces mots, irrité de ce délai, tire son épée et le tue.

Marcellus fut vivement affligé quand il apprit la nouvelle de sa mort; il fit célébrer ses funérailles avec soin, et lui érigea un monument parmi ceux des grands hommes qui s'étoient le plus distingués à Syracuse.

F. C. SCIPION NOMMÉ EDILE AVANT L'AGE.
An de Rome 540. et av.t J.C. 212.

Les Calamités de la République, furent compensées par de continuelles prospé=
rités des deux Scipions Publius et Caïus en Espagne ; et pendant qu'Annibal passoit
tranquillement l'hiver à Capoue avec ses troupes, les Romains ne s'occupoient que
des moyens de lui résister=

Cette même année, le jeune Scipion, celui la même qui avoit sauvé la vie à son
Père, et qui sauva Rome après la Bataille de Cannes, fut créé Edile Curule ?.

On raconte différemment la maniere dont il s'y prit, pour être agréé à cette
dignité. Selon Polybe, il est dit que Lucius Scipion son Frère ainé demandoit=
l'Edilité Curule. D'abord Publius n'osa pas demander cette charge conjointement
avec son Frère depeur de lui nuire ; mais quand le temps des assemblées approcha,
faisant réflexion d'un côté, que le peuple ne penchoit pas beaucoup en faveur
de Lucius, et de l'autre qu'il en étoit lui même fort aimé, il pensa que le seul
moyen de procurer l'Edilité à son Frère, étoit de la demander avec lui. Pour —
faire entrer sa Mère dans ses sentimens, il se servit de cet expédient ; il vint
la trouver et lui dit, que déjà deux fois il avoit eu le même songe, qu'il lui
sembloit qu'ayant été créé Edile, son Frère et lui, ils étoient revenus tous
deux de la place au logis, qu'elle étoit venue au devant d'eux, et qu'elle les
avoit tendrement embrassés. Puissé-je s'écria cette tendre Mére, Puissé-je voir
un si beau jour ! Voudriez-vous ma Mére, repartit Scipion, que nous fissions une
tentative, si tous les Citoyens veulent me nommer Edile, j'ai assez d'age ? elle
y consentit, ne s'imaginant pas que tout cela fut serieux. Ce fut assez pour Scipion,
il ordonna qu'on lui fit la robe des Candidats. Le jour de l'assemblée, Scipion se
revêt pour la première fois de cette Robe, et se présente en cet état sur la place.
Le peuple qui lui vouloit du bien, fut agréablement surpris d'une démarche si
extraordinaire. Il s'avance au lieu marqué pour les aspirans et se met à
côté de son Frère. Tous les suffrages se réunissent non seulement en sa faveur,
mais encore en faveur de son Frère. Il retourne au logis. La mére avertie
de ce qui vient d'arriver, est transportée de joie, elle vient sur la porte recevoir
ses deux fils, et vole dans leurs bras pour les embrasser.

LES JEUX APPOLLINAIRES.
An de Rome 540. et av.ᵗ J.C. 212.

Sur les prétendues prédictions d'un Célèbre Devin, on établit à Rome des Jeux Appollinaires qui se firent dans le grand Cirque ; les Citoyens assistèrent à ces Jeux la couronne sur la tête, les Dames romaines visitèrent tous les temples. Ce jour fut célébré avec toutes les cérémonies de religion et beaucoup de réjouissances.

Ce fut cette même année que le siège de Capouë fut poussé avec une vivacité et un acharnement qui à peu d'exemple ; les Romains n'avoient point oublié la perfidie des Campaniens, qui non contens d'avoir abandonné leurs anciens alliéz dans leur disgrace, avoient encore exercé la cruauté la plus atroce envers eux, faisant mourir tous les romains qui se trouvoient dans leur ville ; il est aisé de juger quel ressentiment ils conservèrent d'une trahison dont les suites leurs avoient été si funeste, ils résolurent donc d'assiéger Capouë et de ne pas lâcher prise qu'ils n'en eussent tiré une veangeance éclatante, le succès répondit à leur ressentiment, les Romains remportèrent une victoire complette. Les Campaniens réduits à un désespoir qui tenoit du délire et voyant alors que leur conduite leur ôtoit toute esperance de fléchir les Romains, ne cherchèrent plus qu'à se donner la mort le peuple, consterné à la vuë de son malheur força par ses cris et ses menaces les Sénateurs de s'assembler pour délibérer sur ce qu'ils avoient à faire dans une situation si cruelle.

MORT DE TAUREA JUBELLIUS.
An de Rome 541. et av.t J.C. 211.

Le Sénat s'étant assemblé on délibéra d'envoyer des députés aux généraux Romains pour tâcher de les fléchir par la soumission ; mais Virius quand son tour fut venu de parler, ouvrit un avis bien différent et dit : qu'après injure qu'ils avoient fait éprouver aux Romains, il ne leur restoit pour se sauver de l'ignominie et de l'esclavage que la mort. Or à cet effet il leur offroit un dernier banquet où la même coupe empoisonnée préserveroit leur corps des tourmens et leur esprit et leur courage des affronts ; parmi ceux qui entendoient ce discours, vingt sept suivirent Virius à ce funeste repas, les autres ne désespé= rent pas d'obtenir leur pardon, et le lendemain la porte appellée de Jupiter qui étoit vis-à-vis le camp des Romains fut ouverte aux vainqueurs. Les Consuls Ro= mains poussèrent la sévérité à l'excès, tous les chefs de la révolte furent con= damnés à mort et on assure que Flaminius malgré un ordre du Sénat qui lui ordonnoit de suspendre le châtiment des Campaniens, les fit tous mourir et ne le montra qu'après l'exécution. Comme il se levoit de là pour partir,— Taurea Jubellius de Capoue perça la foule et l'appela par son nom. Le Pro= consul fort surpris ayant repris sa place pour savoir ce qu'il vouloit de lui; Commande aussi qu'on m'égorge, lui dit-il, afin de pouvoir te vanter d'avoir fait mourir un plus brave que toi. Flaminius se contenta de répondre que l'arrêt du Sénat lui lioit les mains; mais Jubellius reprit la parole, Puisque, dit-il, après avoir perdu ma patrie, mes proches, mes amis, après avoir tué de ma propre main, ma femme et mes enfans pour les dérober à l'indigne traitement qui les attendoient; puis que, dis-je, je ne puis pas périr du même genre de mort que mes concitoyens que j'ai ici devant les yeux, que mon courage vienne à mon secours et me délivre d'une misérable vie que je ne peux souffrir. Ayant ainsi parlé, il se perça le sein d'un poignard qu'il avoit caché sous sa robe.

CONTINENCE DE SCIPION.
An de Rome 542. et av.t J·C· 210.

Pendant que les Romains étoient occupés à la réduction de Capoüe
La guerre se continuoit heureusement en Espagne et les Romains victori=
eux y avoient dans une dernière bataille tué 27,000, hommes mais la mort
des deux Scipions y changea la scene et l'Espagne eut été entièrement perdue
pour les Romains, personne à rome n'osant demander la conduite de l'armée
après la perte d'aussi grands généraux ; enfin le jeune Scipion quoiqu'il n'eut
à peine que vingt quatre ans, se présenta et crut qu'il n'appartenoit qu'à lui
de venger la mort de son père et de son oncle. Il y fut envoyé avec le
titre de Proconsul. Ces succes y furent si rapides que cinq ans après
son arrivé en Espagne, il n'y restoit pas un seul Carthaginois.

   Rien n'est egal à la réputation qu'il laissa dans cette province, ses vertus
civiles et militaires, sa moderation dans le commandement, sa parfaite générosité
et surtout son amour pour la justice ce fut à cette occasion que ses soldats lui
amenèrent une jeune Princesse d'une rare beauté et fiancée à un Prince Celtiberien,
nommé Allucius. Scipion dans un age où les passions averent un pouvoir absolu,
ne voulut la recevoir que pour la remettre entre les mains de son père et de son Epoux.
Allucius pénétré de joie baisoit les mains de Scipion il s'écrioit dans les transports
de sa reconnaissance quil étoit venu en Espagne un jeune heros semblable aux
Dieux, qui se soumettoit tout, moins encor par la force de ses armes que par le
charme de ses vertus. Le père et les parens de la jeune personne avoient apporté
une somme d'argent pour la racheter, mais quand ils virent que Scipion la leur
rendoit sans rançon, ils le conjurèrent de recevoir cette somme comme un present
qui mettroit le comble à leur reconnaissance. Scipion ne pouvant résister à des
prières si vives leur dit, quil acceptoit ce don, et l'adressant à l'Epoux ; Jajoute dit-il,
à la dot de votre femme cette somme que je vous prie d'accepter comme un present
de nôce. Cette action fut gravée sur un bouclier d'argent, qu'Allucius donna à
Scipion et quil emporta avec lui à Rome. Il fut perdü avec une partie du bagage qui
périt au passage du Rhône jusqu'en 1665, que quelques pecheurs le trouvèrent, il est
aujourd'hui au Cabinet du Roi.

MORT DE MARCELLUS.
An de Rome 544. et av.ᵗ J.C. 208.

Scipion parroissant sur la scene avec tant d'éclat sembloit éclipser tous les
autres généraux. La gloire de Fabius se soutenoit encor, mais Marcellus étoit dans
un mauvais renom depuis qu'il avoit été battu par les Carthaginois et que d'ail=
leurs on étoit mécontent de ce qu'il avoit mis ses troupes à couvert dans
Venouse sans attendre la fin de la campagne. Pendant qu'Annibal mar=
choit la tête levée dans une grande partie de l'Italie, Publicus Bibulus tribun
du peuple son ennemi déclaré disoit hautement devant le peuple que Mar=
cellus dont l'armée avoit été battue se donnoit du bon tems et vivoit à l'aise
à l'ombre des murs de Venouse ; Marcellus répondit en peu de mots et avec
beaucoup de noblesse, se contentant de rapporter modestement ses princi=
pales actions, dont le simple récit sans reflexion et sans autre preuve étoit
pour lui une pleine apologie, le jugement ne fut pas douteux ; la déposition
du tribun fut rejettée et dès le lendemain toutes les Centuries créerent Mar=
cellus Consul d'un commun consentement. Il eut de plus le commandement
des armées de concert avec Valerius Lévinus qui eut le département de la
Sicile, quant à Marcellus heureux en tant d'occasions, il partagea la for=
tune d'Annibal, cette année, l'ayant tantôt propice et tantôt contraire, un
dernier échec couta la vie à ce grand homme ; Marcellus donna dans un
piége qu'Annibal avoit dressé pour l'entourer, ses troupes effrayées com=
mencerent à lâcher pied, mais lorsqu'on vit Marcellus percé d'un coup
de lance et tomber mourant de dessus son cheval, le peu qui étoit auprès
de lui prirent la fuite. Les légions le regretterent extremement à cause
de sa grande valeur et de son audace heureuse qui lui avoit mérité de
titre d'épée de Rome comme Fabius en étoit nommé le bouclier.—

LA MÈRE DES DIEUX.
An de Rome 547. et av.ᵗ J.C. 205.

Les prêtres des Romains frapés d'inquiétude à l'occasion des pluies de
pierre, (c'est à dire grosse grêle) qui étoient tombées en abondance cette année, con=
sultèrent les livres de la Sybille, on y trouva un oracle qui déclaroit que quand un
ennemi étranger auroit porté la guerre en Italie, le moyen de le vaincre et de le chasser
étoit d'aller chercher la mère Idée à Pessinotte et après l'avoir obtenue par l'entre=
mise du roy Attale, de l'amener à rome et de la remettre dans les mains du plus honnête
homme qui fut dans la république. Les Ambassadeurs par l'ordre du Sénat, se rendi=
rent à Pergame où Attale les reçut d'une manière fort honorable et les conduisit à
Pessinotte en Phrigie, là il leur mit entre les mains une pierre que les habitants
avoient en grande vénération, l'appellant la mère des Dieux mais quand Elle entra
dans le Tibre (s'il en faut croire les historiens) le vaisseau s'arrêta tout d'un coup sans
qu'il fut possible de le faire avancer alors une des Dames Romaines nommée
Claudia Quinta dont la réputation avoit été jusque là équivoque, pria les Dieux que si
les soupçons contre sa vertu étoient sans fondement, le navire auquel elle avoit
attaché sa ceinture pour le tirer, la suivit; ce qui arriva dans le moment, ce fut un
grand embarras pour le Sénat de se voir obligé de décider quel étoit le plus homme
de bien de la république. Le sort nomma un jeune homme qui n'avoit que vingt sept
ans; c'étoit Publius Scipion sur-nommé Nasica fils de Cenéus qui étoit mort en
Espagne. Il eut ordre d'aller jusqu'à Ostie au devant de la Déesse avec toutes les
Dames romaines. Il la tira du vaisseau et après lui avoir fait traverser la ville dont
les rues étoient remplies de parfums et où le peuple la reçut avec les plus grandes
acclamations, il la deposa dans le temple de la victoire sur le mont Palatin.

Scipion qui depuis longtems proposoit au Sénat de porter la guerre en Afrique,
obtint enfin la permission d'aller attaquer les Carthaginois dans leur pais;
mais comme son entreprise parroissoit témeraire la république ne voulut au
commencement lui fournir ni troupes ni argent, sa réputation et sa valeur lui
donnèrent des soldats, c'étoit un autre Annibal, il en avoit toutes les vertues
sans en avoir les défauts. Il à bordé en Afrique pendant que les Cartha=
ginois continuoient la guerre en Italie.

SOPHONISBE.
An de Rome 549. et av.ᵗ J·C· 203.

Scipion étant arrivé heureusement en Afrique mit d'abord dans les intérêts de la république les Rois Siphax et Massinissa le premier changea de parti et même avec le secours des Carthaginois il s'empara du royaume de Massinissa : se confiant en suite sur la multitude de ses troupes, il osa attaquer Scipion, mais il fut moins heureux à combattre qu'il ne l'avoit été à ravir la Couronne son armée fut battue et lui fait prisonnier.

Massinissa ne voulant pas perdre le fruit de la victoire des Romains marcha en diligence à Cirthe, Capitale de la Numidie, comme il menoit avec lui l'usurpateur enchaîné, il ne fit que le montrer aux habitans qui ouvrirent aussitôt leurs porte au roi vainqueur et legitime. Massinissa ayant mis des corps de garde aux portes de la ville afin que personne ne sortît, courut au palais du roi, pour s'en rendre maître : Sophonisbe fille d'Asdrubal que son extrème beauté avoit rendue fameuse, y étoit alors ; elle se jetta aux genoux du vainqueur et le supplia de ne point permettre qu'elle tombat sous la superbe et cruelle domination d'aucun romain : Si, ajouta-t-elle, vous ne pouvez me soustraire à leur puissance que par la mort ; je vous la demande comme une grace : Le jeune prince charmé de sa captive lui promit tout ; et fit plus, car il l'épousa le jour même. Après les cérémonies ; il retourna au camp des romains où Scipion le reçut très mal et lui reprocha de s'être attaché une prisonnière des romains qui ne pouvoit lui appartenir et d'ailleurs étoit leur plus mortelle ennemie. Massinissa fit alors de cruelles réflexions sur le sort de son Épouse, honteux pour elle et pour lui, de la voir livrée à la servitude, il se résolut au Sacrifice qu'elle lui avoit demandé avec tant d'instances et lui envoya du poison pour la garantir de l'esclavage. Elle reçut sans s'effrayer ce gage étrange de l'amour de son nouvel Epoux et dit : Que puisque Massinissa n'avoit point d'autre présent de nôce à lui faire ; il falloit bien qu'elle acceptât celui là. Cependant, ajouta-t-elle, Je quiterois la vie avec plus de gloire si je ne l'eusse pas épousé la veille de ma mort. Cette preuve honteuse, mais convaincante de l'attachement de Massinissa aux interêts des romains le fit aussitôt proclamer Roi des Numidie.

BATAILLE DE ZAMA.
An de Rome 552. et av.ᵗ J.C. 199.

L'arrivée de Scipion en Afrique, sa valeur, sa réputation et deux victoires successivement remportées sur les Carthaginois, causèrent à ces derniers une cruelle inquiétude. Annibal fut mandé au secours de sa patrie, à la nouvelle de son rappel, il ne fut pas maître de ses transports, il se reprochoit sans cesse sa négligence à poursuivre les Romains qui vaincus tant de fois par lui ne s'étoient relevés de leurs pertes que parcequ'il n'avoit pas su profiter de ses victoires. Forcé enfin de quitter l'Italie, il repassa en Afrique la 16ᵉ année de cette guerre, son départ causa autant de joie à Rome et à l'Italie entière qu'il en ressentit de douleur. A son arrivée on parla d'abord de paix. Il y eut même une entrevue entre Scipion et lui, mais n'ayant pu convenir de rien, on vit bien que l'épée seule décideroit des prétentions des deux républiques.

On en vint bientôt aux mains, le combat se donna au près de Zama, il étoit question de l'Empire et de la liberté; l'un et l'autre Général déploya en cette occasion tout ce qu'il avoit de capacité, le succès fut longtems douteux, enfin la victoire demeura à Scipion, les Carthaginois perdirent 20,000 hommes, et on en prit autant qui furent faits prisonniers. La paix fut le prix de cette victoire, les Carthaginois épuisés la demanderent du consentement même d'Annibal, les Romains ne l'accorderent qu'à des conditions qu'on pouvoit regarder comme une seconde victoire, ils ôterent aux Carthaginois leurs flottes; on en exigea des sommes immenses; mais ce qui leur parut encor plus rigoureux, fut la défense d'entretenir aucune alliance ni de faire aucun armement sans l'aveu et la permission expresse du Sénat. Ainsi finit la 2ᵉ guerre Punique aussi glorieuse à la république qu'à Scipion, à qui elle donna le surnom d'Affriquain qui le distingue dans l'histoire de tous ceux du même nom. Ce fut l'an 552 de la fondation de Rome, du monde 3804, la 4ᵉ de la 144ᵉ Olympiade, 308 après l'établissement des Consuls, 189 depuis l'incendie de Rome et 199 avant la naissance de J.C.

LA LIBERTÉ RENDUE AUX GRECS.
An de Rome 555. et av.ᵗ J.C. 195.

Malgré la sujetissement des Carthaginois au pouvoir des Romains, Annibal ne laissoit pas sous main de leur susciter des ennemis, partout où il pouvoit, mais il ne fit qu'en trainer tous ses amis anciens et nouveaux dans la ruine de sa patrie et dans la sienne. Par les victoires du Consul Flaminius Philipe roi de Macedoine qui tenoit encore au parti Carthaginois, fut à battu; ainsi que tous ceux qui desoloient ces contrées. Ces avantages remportés par les Romains délivrerent les Grecs du joug de tous leurs oppresseurs. Mais ensuite faisant attention que la plupart des villes libres de la Grece étoient sous leur domi= nation et qu'elles pourroient se plaindre qu'au lieu d'amis et d'alliés elles n'avoient fait que trouver de nouveaux maitres; ils nommerent dix députés du nombre desquels fut Flaminius pour annoncer à ces peuples qu'on les rendoit à eux mêmes. Cette nouvelle qu'on leur porta pendent la solemnité des Jeux Isthmiques où toute la Grece étoit présente, y causa un si agre= able surprise qu'à peine pouvoit on croire ce qu'on en tendoit, mille cris de joie qui s'éleverent furent les premiers remerciment que recurent les Minis= tres du Sénat. Un heros s'avance au milieu de l'arène, un coup de trompette ayant fait faire silence, il prononce à haute voix ce qui suit: Le Sénat, le peuple Romain et Quinsus Flaminius géneral de leur armée après avoir vaincu Philipe et les Macedoniens delivrent de toutes garnisons et de tous impôts, Les Corinthiens, les Locriens, les Phociens, les Eubéens, les Achéens Phtioles, les Magnetiens, les Thessaliens et les Perrhebes, les déclarent libres, leur conservent leurs priviléges et veulent qu'ils se gouvernent par leur loix et selon leurs usages; Après ce discours tous ces peuples dans les transports de leur reconnaissance s'écrierent: Que la nation Romaine n'avoient pour objets que la félicité des autres nations, que ses guerres, par mer et par terre, ne tendoient qu'à affranchir d'une puissance injuste des hommes né librett et qu'à rétablir l'égalité dans tout l'univers.

ANTIOCHUS RENVOYE A SCIPION SON FILS.
An de Rome 562. et av.t J.C. 184.

Les romains toujours animés contre Annibal qu'ils trouvoient encore redou=
table malgré son éloignement ne cessoient de le poursuivre. Ce grand
Capitaine reduit à se sauver de son païs, souleva, pour se venger d'eux,
tous les princes d'Orient par ses puissans raisonnemens. Antiochus
surnommé le grand, roi de Syrie, devint jaloux de leur puissance et leur
fit la guerre; mais il ne suivit pas en la faisant, les conseils d'Annibal,
battu par terre et par mer, il fut reduit à demander la paix que les
romains ne voulurent pas lui accorder. Antiochus obligé de se défendre
rassembla toutes ses forces et se résolut à donner bataille; dans le temps
qu'on se disposoit de part et d'autre à une action aussi importante, Scipion
l'affricain tomba malade et Antiochus qui dans tous les cas vouloit s'en faire un
ami, lui renvoya son fils qu'il tenoit prisonnier. La vuë d'un objet si cher
fit impression sur le corps et l'esprit de ce pere affligé et lui rendit la santé,
après avoir tenu longtems son fils ambrassé et satisfait aux premiers
transports de la tendresse parternelle; Allez dit-il aux Ambassadeurs, Allez
assurer le roi que je suis extrêmement sensible à sa généreuse attention; dites
lui que je ne puis pour le present lui donner d'autre marque de ma reconnais=
sance qu'en lui conseillant de ne point songer à combattre avant qu'il me fache
arrivé au camp. Mais il ne fut point au pouvoir de ce prince de suivre
ce conseil, le Conseul le pressa tellement qu'il le contraignit à une action,
Antiochus fut encore malheureux dans cette derniere bataille, obligé
de ceder aux armes victorieuses des Romains il fut contraint par un
traité de renoncer à tout ce qu'il possedoit en Europe et de se retirer au
de la du Mont Taurus. Cette guerre Entreprise et achevée en moins de deux
ans, Mérita à Lucius Scipion le surnom d'Asiatique, ainsi les deux Scipions
partagerent entr'eux la gloire d'avoir soumis l'Affrique et l'Asie, c'est à
dire, les deux tiers du monde selon qu'il étoit connu alors.

ACTION EXTRAORDINAIRE D'UNE GAULOISE.
An de Rome 563. et av.ᵗ J.C. 183.

Après la défaite d'Antiochus, Fulvius et Manlius se chargerent de châtier l'un les Étoliens, l'autre les Galates ou Gaulois grecs contre lesquels il marcha. Ces derniers ne purent se soutenir longtems contre les romains et dans une dernière action, voyant que ceux qui gardoient les portes de leur camp avoient été taillés en pièces, ils n'attendirent pas le vainqueur, ils se précipiterent en aveugles à travers les rochers les plus impraticables, rien ne les arrête, l'ennemi est l'unique objet de la frayeur qui les emporte, le consul pour= suit les fuyards et en fait un horrible carnage '.

Après cette expédition Manlius laissa prendre quelques repos à ses troupes; pendant le séjour qu'il fit à Ancyre, ville célebre du païs, une de ses prisonnières fit une action bien mémorable. Elle s'appelloit Chiomare et étoit femme d'Ortiagon, l'un des princes Gaulois, elle étoit gardée par un Centurion aussi passionné pour l'argent que pour les femmes, ce furieux après avoir employé la violence sur une femme que son malheur avoit réduite à l'escla= vage lui offrit ensuite de la renvoyer en liberté, non cependant sans rançon; étant convenu de la somme, il lui permit d'envoyer à ses parens un des prisonniers et marqua le lieu où se feroit l'échange de la Dame et de l'or. Dès la nuit suivante deux parens de la princesse se trouverent au rendez-vous où le Centurion amena aussi sa prisonniere, quand ils eurent présenté la somme, la dame dit dans sa langue à ceux qui étoient venus pour la recevoir de tirer leur Epée et de tuer le Centurion qui s'amusoit à peser l'or. Alors charmée d'avoir lavé par son courage l'injure faite à sa chasteté, elle prit la tête de cet officier qu'elle même avoit coupée et la cacha sous sa robe; arrivée dans l'appartement de son mari elle jetta à ses pieds la tête du Centurion. Ortiagon étrange= ment surpris d'un tel spectacle, lui demanda ce qui l'avoit porté à une action si peu ordinaire à son sexe. Le visage couvert d'une subite rougeur, et enflamée, en même tems, d'une fiere indignation elle avoua l'outrage qu'elle en avoit reçu et la veangeance qu'elle en avoit tiré '.

EXIL DE SCIPION.
An de Rome 565. et av.t J. C. 181.

L'envie toujours attachée à persécuter les grands hommes se déchaîna contre Scipion l'Africain ce Général que les Romains peu de tems auparavant avoit égalé en quelque sorte aux Dieux, fut appellé en jugement. On l'accusa d'avoir détourné à son usage propre une portion du butin fait en Asie, et d'avoir entretenu de secrettes intelligences avec Antiochus. Scipion, cité par les Tribuns parut dans les Rostres suivi d'une foule d'amis et de Cliant et y prit sa place ordinaire; on s'attendoit avoir son innocence éloquement défendue; mais Scipion au lieu de haranguer suivant sa coutume, mit sur sa tête la couronne qui lui avoit servi le jour de son triomphe, et se levant, il dit: A pareil jour que celui ci j'ai vaincu le fier Annibal et j'ai soumis Carthage; c'en est assez méprisons de frivoles accusation et allons au Capitole, remercier les Dieux de m'avoir mis en état de rendre de si grands fervices à ma patrie. Il part à l'instant, tourne ses pas vers le Capitole, le peuple l'y suit et les Tribuns restent seuls.

Les Tribuns étant revenus une seconde fois à la charge contre lui; il changea de manière, il fit voir qu'il avoit tenu un Registre exact des contributions et quand il l'eut montré à l'assemblée il le déchira en présence de ses juges, disant fierement qu'il avoit assez enrichi le fisc, par les sommes immenses qu'il y avoit portées et que les scrupuleuses recherches étoient inutiles.

Appelée une troisieme fois en jugement, il dédaigna de comparoître, il avoit l'âme trop fière pour s'abaisser à la qualité de suppliant; indigné contre sa patrie, il se retira à Linterne petite ville de la Campanie, au bord de la mer, où il passa le reste de ses jours. Le tems n'effaça point son juste ressentiment et il voulut que la mémoire s'en conservât; à sa mort, il ordonna qu'on gravât ces parole sur son tombeau. Ingrate patrie, tu n'auras rien de moi, pas même mes cendres.

CORNELIE FILLE DE SCIPION PROMISE A GRACCHUS.
An de Rome 565. et av.ᵗ J.C. 181.

*Publius Scipion avoit deux Filles, il maria lui même l'ainée à Cornelius
Nasica ; on convient que la plus jeune fut mariée à Tib. Sempronius
Gracchus ; mais on n'est pas assuré si ce ne fut qu'après la mort de
Scipion l'Afriquain que Gracchus l'épousa, ou si cette alliance fut contrac-
tée entre les deux familles : On raconte, que comme on conduisoit L. Scipion
en prison, Gracchus jura qu'il étoit encore ennemi des Scipion et qu'il
n'avoit nulle envie de regagner leurs bonnes graces ; mais qu'il ne souf-
friroit pas qu'on jettât L. Scipion dans la même prison ou Publius son
frere avoit fait enfermer les Rois et les généraux des ennemis.*

*On ajoute que les Sénateurs soupant par hazard ce jour là dans le
Capitole, se leverent tous de concert et demanderent à Scipion l'Afriquain
sa fille en mariage pour Tiberius Gracchus, et le presserent de la lui promet-
tre au milieu de ce Festin solemnel ; alors Scipion s'étant rendu à leurs
instances, dit à Emilie sa femme, quand il fut de retour dans sa
maison, qu'il avoit promis en mariage leur cadette, que cette Dame
fâchée qu'il ne lui eut pas demandé son avis, ajouta que quand ce
seroit Tiberius Gracchus qu'il auroit choisi pour gendre, il n'auroit
pas dû en faire un secret à une mere : qu'alors Scipion voyant
que sa femme pensoit comme lui de Gracchus, et charmé de trouver
en elle un tel rapport de sentimens avec ce quil venoit de faire, lui
répondit que c'étoit à Gracchus lui même quil l'avoit accordé.*

C'étoit la célèbre Cornelie mere des Gracques.